Caimanes

Grace Hansen

ABDO

REPTILES

Kids

www.abdopublishing.com

Published by Abdo Kids, a division of ABDO, P.O. Box 398166, Minneapolis, Minnesota 55439.

Copyright © 2015 by Abdo Consulting Group, Inc. International copyrights reserved in all countries. No part of this book may be reproduced in any form without written permission from the publisher.

Printed in the United States of America, North Mankato, Minnesota.

072014

092014

 THIS BOOK CONTAINS RECYCLED MATERIALS

Spanish Translators: Maria Reyes-Wrede, Maria Puchol

Photo Credits: Getty Images, iStock, Shutterstock, Thinkstock

Production Contributors: Teddy Borth, Jennie Forsberg, Grace Hansen

Design Contributors: Dorothy Toth, Renée LaViolette, Laura Rask

Library of Congress Control Number: 2014938856

Cataloging-in-Publication Data

Hansen, Grace.

[Alligators. Spanish]

 Caimanes / Grace Hansen.

  p. cm. -- (Reptiles)

ISBN 978-1-62970-351-0 (lib. bdg.)

Includes bibliographical references and index.

1. Alligators--Juvenile literature. 2. Spanish language materials—Juvenile literature.   I. Title.

597.98--dc23

                    2014938856

Contenido

Caimanes

Los caimanes son reptiles.

Todos los reptiles tienen

escamas y son de **sangre fría**.

Los caimanes viven en el sureste de los Estados Unidos y en China. Los caimanes viven en lagunas de agua dulce y **pantanos**.

Los caimanes tienen la piel muy gruesa. Su piel puede ser café o negra. Tienen rayas negras en la cola.

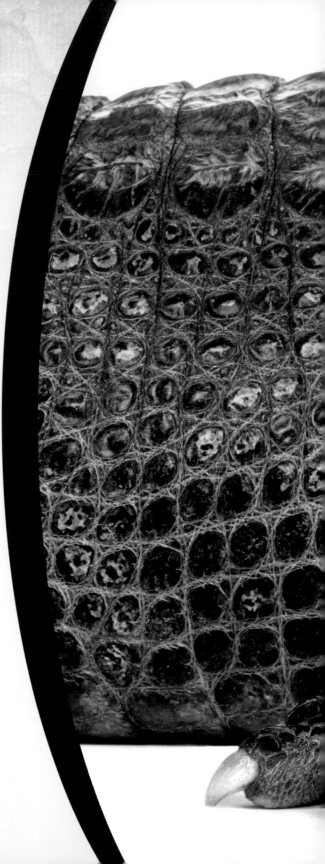

9

Las colas de los caimanes
son largas y fuertes. Los
ayudan a nadar.

Los caimanes tienen patas **palmeadas**. Sus patas los ayudan a nadar y a caminar por el lodo.

13

Los caimanes pueden nadar rápido. También pueden correr rápido, aunque sólo por poco tiempo.

Alimentación

A los caimanes les gusta comer pájaros y peces. También comen **mamíferos** grandes y pequeños.

16

Crías de caimanes

La hembra hace el **nido** con lodo, hojas y ramas. Ella pone los huevos en el nido.

19

Las crías de caimán **salen**

del huevo a los 60 días.

Se quedan con su madre

alrededor de dos años.

Más datos

- A veces se dice que los caimanes son "fósiles vivos" porque han existido durante millones de años.

- Los caimanes tienen mandíbulas fuertes para morder. Sin embargo, los músculos para abrir la boca son débiles. Una persona puede usar sus manos para mantener cerrada la boca de un caimán.

- La hembra lleva a sus crías al agua en su boca cuando **salen de los huevos**.

Glosario

escamas – láminas que cubren el cuerpo de los reptiles.

mamífero – un animal de sangre caliente que está cubierto de pelo y cuyas hembras producen leche para alimentar a sus crías.

nido – lugar donde los animales ponen sus huevos.

palmeadas - cuando los dedos de las patas están unidos con piel.

pantanos – zona mayormente cubierta con agua.

salen del huevo – romper el huevo al nacer.

sangre fría – cuando la temperatura ambiental afecta la temperatura del cuerpo de un animal.

23

Índice

abdokids.com

¡Usa este código para entrar a abdokids.com y tener acceso a juegos, arte, videos y mucho más!

Código Abdo Kids:
RAK0571